Paradigma

Paradigma

Damien Cutrone

© 2020 Damien Cutrone

Éditeur : BoD-Books on Demand
12-14 rond-point des Champs-Élysées, 75008 Paris
Impression : Books on Demand, Norderstedt, Allemagne

ISBN : 978-2-3222-6006-5
Dépôt légal : Décembre 2020

AVANT-PROPOS

Ce livre n'a rien à vous apprendre.

Il se veut le récit synthétique d'une observation attentive du monde, ou plutôt d'une simple présence à lui, d'une recherche de compréhension profonde de celui-ci, ainsi que de notre rapport, en tant qu'êtres humains, à lui. Ce récit est aussi une invitation à une exploration et une compréhension pénétrante de soi, de l'Être, condition essentielle et nécessaire à l'avènement – non moins nécessaire – d'un nouveau paradigme. Tout autour du globe, d'innombrables hommes et femmes – penseurs, auteurs, artistes, guides spirituels, etc., ou même des anonymes – n'ont eu de cesse, depuis l'antiquité et jusqu'à aujourd'hui, de faire leur part de lumière sur cette voie que peu, en revanche, ont réellement vue. Cette sagesse a révélé et énoncé des principes et des notions qui sont restés jusqu'ici ignorés et incompris par le plus grand nombre, occasionnant des déformations et des dévoiements par lesquels ils ont été largement galvaudés.

Qui plus est, cette sagesse a été écrasée et étouffée, ces quatre, cinq derniers siècles, par une Science qui s'est établie en seule garante de la Vérité, la seule ayant autorité pour décrire le Réel, et qui, en définitive, s'est parée de tous les traits caractéristiques d'une religion – dans le domaine médical notamment.

Ceci étant dit, il ne s'agit surtout pas de déprécier la science, mais d'appuyer l'importance pour l'Homme de se nourrir aussi bien de celle-ci que de l'expérience spirituelle. « La science n'a pas besoin de la mystique et la mystique n'a pas besoin de la science ; mais l'homme a besoin des deux. »[1] Afin d'étayer cette idée, je transcrirai un extrait d'un entretien passionnant entre le neuroscientifique et auteur David Eagleman et Sadhguru, un yogi, mystique et guru[2] indien :

---

1 Fritjof Capra, *Le Tao de la physique*, 1975, éditions J'ai lu, 2018, p.439

2 Il est important de bien faire la distinction entre le terme «guru» et le terme «gourou» dans son acception généralement admise en occident : «"Guru" signifie littéralement "qui dissipe les ténèbres". Contrairement à une opinion répandue, la fonction du guru n'est pas d'enseigner, d'endoctriner ou de convertir. Il est là pour mettre en lumière des dimensions qui sont au-delà de vos perceptions sensorielles et de votre "drame psychologique" (…). La fonction première du guru est de vous éclairer sur la nature même de votre existence.» dans Sadhguru, *La Transformation intérieure*, 2018, éditions Pocket, 2020, p.12

« David Eagleman : Je pense que l'entreprise de la science est de considérer l'Intelligence qui nous entoure et traverse notre système[3], et d'essayer d'en comprendre les principes.(…) Et nous avons fait beaucoup de progrès dans ce sens (…), en étudiant cette profonde Intelligence (…), comme quelque chose que l'on peut rendre compréhensible.(…)

Sadhguru : (…) Quand vous dites "compréhensible", cela signifie que l'on peut y appliquer les paramètres de la logique. Et s'il y a une dimension de l'Intelligence en vous qui ne peut s'insérer dans les paramètres de la logique ? Tenter de tout insérer dans les paramètres de la logique signifie que l'intelligence superficielle – qui est l'intellect, qui est notre mode de survie ; si nous n'avions pas d'intellect, nous ne survivrions pas dans ce monde –, ce qui est un instrument de survie, nous essayons d'y inclure toutes les dimensions de la vie et tout doit passer à travers ce filtre. Cela faussera complètement le processus.

DE : (…) Je comprends qu'il peut y avoir des limites à notre intellect, mais je ne sais pas où sont ces limites, et je ne sais pas comment m'assurer qu'il y a là des frontières au-delà desquelles il y a autre chose.

S : Voyez-vous, la science a fait des choses incroyables ces cent dernières années, pas de doute. Notre vie est ce qu'elle est aujourd'hui, (…) c'est essentiellement grâce aux résultats de l'effort scientifique sur la planète. Il n'y a pas de doute là-dessus. Mais en même temps, la limite de la science est que l'on essaye

---

[3] «notre système» fait ici référence à notre organisme

de toucher une dimension qui est au-delà de la nature physique avec un instrument physique. »[4]

Toujours est-il que, marginalement, certaines branches de la science – physique quantique, biologie cellulaire, épigénétique, etc. – ont réalisé des avancées qui corroborent ce qui constitue le cœur des enseignements d'anciens sages. Du reste, ces derniers disent essentiellement les mêmes choses avec des terminologies différentes.

Cependant, l'objectif n'est pas ici d'argumenter le bien-fondé de cette sagesse en invoquant la science – au fond, le peut-on vraiment ? Je me bornerai à proposer quelques références en fin d'ouvrage si vous souhaitez approfondir le sujet de la réunion entre la science et la spiritualité, en complément de quelques citations dans le texte qui serviront notre propos en montrant des parallèles entre les deux.

En outre, j'ai volontairement agrémenté mon récit de nombreuses et diverses citations et références précieuses à mes yeux. Et ce pour deux raisons : premièrement, certaines choses dont je parle ont déjà été si nettement ou joliment exprimées par d'autres, et ont résonné en moi avec tant de force, que je ne souhaitais pas chercher à les reformuler ; deuxièmement, ma volonté de concision étant contraire à un véritable approfondissement des idées abordées, vous disposerez si vous le souhaitez de quelques pistes pour le faire.

---

4   «Le neuroscientifique David Eagleman avec Sadhguru – conversation avec le Mystique» : https://www.youtube.com/watch?v=MwgkvBZXum0&ab_channel=Sadhguru (en anglais, la traduction de l'extrait est de moi)

Par ailleurs, certaines choses seront susceptibles d'être répétées au cours du texte, du fait d'une certaine progression dans le propos, et dans un souci de leur apporter un nouvel éclairage, permettant de les souligner et d'avancer dans notre cheminement.

Enfin, ce livre n'a pas pour vocation de susciter votre adhésion à des idées, de vous convaincre de quoi que ce soit ou bien de vous présenter des opinions que vous pourrez croire ou ne pas croire. Il appartient à chaque lecteur, pour peu qu'il le veuille, de s'engager sur le chemin de l'exploration afin de permettre à des concepts abstraits de devenir expérience.

Puisse la lecture de ce livre vous permettre d'élargir vos perspectives. Puisse-t-elle vous toucher à quelque niveau que ce soit, résonner en vous et vous inviter à porter votre attention sur ce qu'il y a de plus précieux et d'inestimable : *la vie en vous.*

∞

TEXTE

« Les conditions du nouvel ordre des choses ne peuvent pas nous être connues, parce qu'elles doivent être créées justement par nous-mêmes. La vie est précisément dans la recherche de l'inconnu et dans la subordination de l'action aux connaissances nouvellement acquises. C'est là la vie de chaque individu comme la vie de toute l'humanité. »[5]

Léon Tolstoï

L'Humanité traverse une crise spirituelle.

Carl G. Jung a écrit : « Quand nous considérons l'histoire de l'humanité, nous ne distinguons que la couche la plus superficielle des événements, troublée en outre par le miroir déformant de la tradition. Ce qui s'est passé au fond échappe au regard même le plus scrutateur de l'historien, car la marche propre de l'histoire est profondément cachée, vécue par tous et masquée au regard de chacun. Elle est faite de vie psychique et d'expériences privées et subjectives au suprême degré. Les guerres, les dynasties, les bouleversements sociaux, les conquêtes et les religions ne sont que les symptômes les plus superficiels d'une attitude fondamentale et secrète de l'individu, attitude dont il n'a pas lui-même conscience, et qui, par suite, échappe à l'historien (…). Les grands événements de l'histoire du monde sont, au fond, d'une insignifiance profonde. Seule est essentielle, en dernière analyse, la vie subjective de l'individu. C'est celle-ci seulement qui fait l'histoire ; c'est en elle que se jouent d'abord toutes les transformations ; l'avenir et l'histoire entière du monde

---

5 Léon Tolstoï, *Le Royaume des cieux est en vous*, 1893, éditions Le Passager Clandestin, 2019, p.132

résultent en définitive de la somme colossale de ces sources cachées et individuelles. Nous sommes, dans ce que notre vie a de plus privé et de plus subjectif non seulement les victimes, mais aussi les artisans de notre temps. Notre temps — c'est nous ! »[6]

Autrement dit, les événements visibles ne sont que l'expression épidermique d'une dynamique invisible. Faite d'un agrégat d'émotions, de mémoire, de croyances, de schémas, de conditionnements, elle est à l'œuvre dans chaque individu et oriente actuellement la marche de l'humanité. Ainsi, puisque de tous temps les sociétés humaines ont connu des troubles et des désordres, chacune d'elles ayant eu ses tensions, ses luttes, ses conflits, ses bouleversements, ses égarements… il serait tentant d'en conclure que l'« attitude fondamentale et secrète de l'individu » émanerait d'une nature humaine foncièrement mauvaise et viciée. Le désordre du monde serait donc une fatalité de laquelle nous devrions nous accomoder, ou du moins que nous devrions essayer de gérer du mieux possible.

Mais ce sont là les vues étroites d'esprits enfermés dans leur propre logique, pas plus avisés que les troglodytes de Platon, et qui n'ont pas conscience des limites dans lesquelles leur mouvement est circonscrit. De ce fait, la plupart des gens ne vivent principalement que par automatisme et réaction – aux événements, aux situations, aux autres, etc. Considérons la souffrance, le mal-être et les dysfonctionnements qui sont ceux de beaucoup d'êtres humains, ainsi que l'état général du monde dans lequel nous vivons – et que nous avons collectivement modelé –, et nous voyons bien le carac-

---

[6] C.G.Jung, *L'Âme et la Vie* (textes essentiels réunis et présentés par Jolande Jacobi), éditions Le Livre de Poche, 1995, pp.174-175

tère limitant et délétère de ces schémas et conditionnements qui façonnent les attitudes de l'Homme, et dont la perpétuation précipitera la déliquescence de l'humanité, et celle d'une partie de la vie sur Terre. Plus que jamais, en effet, la tendance autodestructrice de l'Homme s'accompagne d'une propension à détruire également son environnement – ce qui, nous le verrons, relève de la même façon de l'autodestruction.

Il est donc crucial, dans ce contexte, d'établir un nouveau paradigme. La voie y menant est la voie de la Conscience, présence silencieuse au cœur de l'individu, qui seule peut permettre de démanteler le paradigme actuel et de rendre possible une nouvelle organisation humaine saine et viable, puisque menant à la compréhension fondamentale de notre essence profonde. Et, pour chacun de nous, de découvrir notre immense puissance créatrice et d'optimiser la vie que nous sommes. La Conscience constitue le substrat du processus spirituel ; dans lequel, en vérité, tout un chacun est engagé, du fait même d'*exister*, que ce soit dit ou non, qu'il y progresse ou non – placer la lampe sous le boisseau ne l'empêche pas de briller.

Toute tentative de l'humanité de résoudre ses problèmes, autre que la voie spirituelle, que ce soit par des actions politiques, institutionnelles, sociales, législatives, etc., sera superficielle et n'aboutira, au mieux, qu'à des solutions partielles et provisoires.

∞

> « *Ce n'est pas – la "Révélation" – qui attend*
> *Mais nos yeux démunis – »*[7]

> *Emily Dickinson*

Nous ne pouvons saisir l'essence de notre Être, et comprendre véritablement le principe suprême de la Vie, si nous restreignons notre recherche aux seules dimensions physiques de notre existence ou plus largement aux aspects matériels du monde. Une telle approche, matérialiste et réductionniste, équivaudrait à tenter de comprendre le temps en examinant une horloge.

Ce que la plupart des gens considèrent généralement comme leur *vie*, sont en fait les *conditions* ou *accessoires* de la vie ; amalgame que nous faisons dans le langage courant et qui entretient la confusion. Confusion entre les *conditions et accessoires* de la vie et la *Vie en nous*. Lorsque je dis la Vie en nous, je parle de cette Intelligence qui fait battre notre cœur, qui fait que des milliards de mécanismes chimiques ont lieu en nous de façon parfaitement coordonnée à chaque instant pour nous maintenir tels que nous sommes, cette Intelligence capable de transformer ce que nous mangeons en un corps humain...

Nous pouvons lire dans le Tao (chapitre XI) :
« Trente rais se réunissent autour d'un moyeu. C'est de
 son vide que dépend l'usage du char.
On pétrit de la terre glaise pour faire des vases.
C'est de son vide que dépend l'usage des vases.

---

[7] Emily Dickinson, *Quatrain et autres poèmes brefs* (présentation et traduction de l'anglais par Claire Malroux, édition bilingue), éditions Gallimard, 2000

On perce des portes et des fenêtres pour faire une maison. C'est de leur vide que dépend l'usage de la maison.
C'est pourquoi l'utilité vient de l'être, l'usage naît du non-être. »[8]

En d'autres termes, le monde des noms et des formes, manifesté et localisé, est interdépendant du non-manifesté, non-localisé. Pour emprunter une formule de Sadhguru, « l'existence est une danse entre le manifeste et le non-manifeste. »[9]

Toutes choses sont fondamentalement interreliées, sans interstices, de manière inextricable. C'est ce que dit, de façon plus prosaïque, la célèbre équation $E=mc^2$ d'Einstein : il n'y a pas de la matière d'une part et de l'énergie d'autre part, mais de l'énergie uniquement, l'équation indiquant « combien d'énergie est requise pour donner l'apparence d'une certaine quantité de masse »[10] ; la matière n'étant rien d'autre qu'un agglomérat d'énergie.

Ainsi l'univers, la Création, peut être vu comme un vaste réseau dynamique et indivis de vibrations ; et son existence repose, fondamentalement, non pas tant sur des entités élémentaires fixes tout à fait distinctes, que sur leur interpénétration et incessantes interactions et sur les processus dynamiques et cohérents dans lesquels elles sont impliquées. Ayant bien assimilé ceci plus de deux mille ans avant que la physique mo-

---

8   Lao-Tseu, *Tao-Te-King* (traduction de Stanislas Julien [1842]), éditions Marabout, 2019, p.31

9   Sadhguru, *La Transformation intérieure*, p.182

10 « Beyond $E=mc^2$ » : https://www.researchgate.net/publication/264214075_Beyond_Emc2 (en anglais, la traduction de l'extrait est de moi)

derne ne commence à le découvrir, « les sages orientaux (...) comprennent qu'expliquer quelque chose signifie, en définitive, montrer comment elle est reliée à toutes les autres. »[11]

En fait, ultimement, dans ce « mouvement complet indivis et total » qu'est le cosmos, « chaque "chose" est ab-straite seulement en tant que côté ou aspect relativement invariant de ce mouvement. »[12] Que ce soit un atome, une cellule, une fleur, un oiseau, une montagne, de l'eau, un astre, ..., *un être humain*, il s'agit fondamentalement de la même énergie, exprimée sous tant de formes différentes.

Cependant, nous possédons cinq sens qui ne nous permettent qu'une perception limitée du monde, et pourtant beaucoup de gens – dont l'establishment scientifique – fondent leur conception du monde sur la base de cette perception, qui plus est déformée par les nombreux filtres de l'esprit. Nos cinq sens sont dirigés vers l'extérieur, ils nous permettent d'appréhender la physicalité du monde, d'interagir simplement avec lui et de satisfaire l'instinct de conservation. Mais qu'en est-il une fois que la survie est assurée ? Dès lors, nous ne pouvons nous fier à nos cinq sens pour explorer le processus de vie.

Imaginez que vous contempliez l'océan et portiez votre attention sur une vague en particulier. Une fois qu'elle est formée, vous pouvez distinguer cette vague d'une autre vague. Elles ont toutes deux leur singularité. Puis, elles s'abattent sur la plage : pouvez-vous alors toujours les distinguer ? Non, elles ont dis-

---

11 Fritjof Capra, *Le Tao de la physique*, p.414

12 David Bohm, *La Plénitude de l'univers*, 1980, Éditions du Rocher, 1987, p.88

paru pour redevenir l'océan. Mais en vérité, ont-elles jamais cessé de l'être ?

De la même façon, dans ce cosmos vivant et organique : UNE Vie, dont chacun de nous est un fragment. Et il n'existe qu'une seule voie pour nous élever à de plus grandes, plus intenses dimensions de ce processus de vie : notre propre intériorité. Au fond, c'est là qu'advient *toute* notre expérience de la vie.

∞

« Il n'a plus la vanité du Moi face à son corps et ses sens ; ni la vanité de l'altérité face aux êtres et objets autres que lui. Quiconque est libéré de ces deux vanités à quelque propos que ce soit, est un libéré-vivant. »[13]

Adhyatma Upanishad, 45

Qui *êtes*-vous ?

Si l'on vous demandait de répondre sérieusement à cette question, vous évoqueriez certainement : votre nom, votre sexe, votre âge, votre nationalité, votre profession, votre situation familiale, le milieu socio-culturel dans lequel vous évoluez, vos possessions, votre appartenance religieuse, vos goûts, vos croyances, votre passé, vos accomplissements, vos aspirations, etc. Ajoutez à cela votre corps, et la somme de ces éléments constituerait votre identité, votre « moi », « l'ego ».

Mais assurément, ce que vous considérez être « vous » n'est qu'une accumulation d'informations, d'influences et d'impressions. Tout ceci n'est pas *vous*. Bien entendu, ces éléments ont un certain domaine de pertinence, certains dans la vie sociale, certains dans la conduite du quotidien... mais ils ne sont pas et ne révèlent pas notre nature ultime. Imaginez que vous portiez un vêtement – disons un pull – tout le temps. Vous le portez sans interruption, nuit et jour. Après un temps assez important à le porter, pourriez-vous dire que ce pull est « vous » ?

Le problème, c'est l'*identification*. Dès lors que vous fondez votre identité sur les éléments susmentionnés, « votre intellect protège toujours, complètement,

---

13 *Les 108 Upanishads* (traduction et présentation de Martine Buttex), éditions Dervy, 2012, p.321

cette identité et fonctionne autour [d'elle] »[14], et « quel que soit ce avec quoi vous vous identifiez, toutes pensées et émotions découlent de cette identité. »[15] Votre perception de la réalité s'en trouve ainsi altérée et si quelque chose – un événement, une situation, les paroles de quelqu'un, etc. – va à l'encontre, menace, dénigre ou remet en cause une chose à laquelle vous vous êtes identifié, vous y réagissez compulsivement par des pensées et émotions potentiellement disproportionnées, car le « moi » perçoit ceci comme une agression et une attaque à son intégrité. Mais, généralement, une personne justifiera sa manière de réagir en invoquant sa personnalité ; en disant « je n'y peux rien, je suis comme ça... ». Là encore, j'utiliserai les mots remarquablement limpides de Sadhguru : « Normalement, ce que vous appelez une personnalité, c'est essentiellement différents niveaux de constipation. "Je n'aime pas ceci, je ne supporte pas ceci, je ne peux pas faire ceci, je ne peux pas faire cela, je n'aime que ceci, je ne peux pas aimer cela...". Différents niveaux de constipation... Qu'est-ce qui cause cette constipation ? La constipation, dans son sens physiologique, signifie la constriction d'un tube. Ici, c'est la constriction de son propre mental et de sa conscience. Ils sont tenus, il n'y a pas de flux libre de la vie. Elle est restreinte parce que votre capacité à faire l'expérience de votre vie n'est qu'à travers les instruments que sont votre corps et votre mental. Votre corps, ou votre mental contraints d'une manière ou d'une autre, signifie que votre capa-

---

14 Cf. note 4

15 Sadhguru, *La Transformation intérieure*, p.213

cité à faire l'expérience de la vie devient également constipée. »[16]

L'ensemble des identifications d'une personne dessine des schémas, des idiosyncrasies, qui vont invariablement conditionner sa perception de ses expériences, et qui vont elles-mêmes renforcer ses conditionnements. Vous pouvez remarquer, à titre d'exemple, que l'on s'entoure *tendanciellement* de gens, en particulier d'amis, qui partagent plus ou moins notre vision du monde et qui nous confortent dans nos idées et nos croyances.

Krishnamurti dit : « Vous (...) continuez à fonctionner comme centre immuable et permanent de ce vaste mouvement et c'est la raison pour laquelle vous êtes en conflit douloureux. »[17] Par le processus d'identification, l'individu crée une séparation, une dualité entre son « moi » – ou son groupe – et « les autres » ou, par extension, « le monde ». Écartées toutes considérations superficielles, ceci est la racine profonde et invariable de tous les conflits, toutes les tensions, toutes les discordes, aussi bien à l'échelle personnelle, qu'à l'échelle collective.

Il ne s'agit pas ici d'émettre un jugement de valeur : l'identification, en soi, ainsi que les effets qui en découlent, ne sont ni bien ni mal – nous l'avons dit, tout cela a un certain domaine de pertinence. Ils sont l'expression d'un désir d'expansion naturel de l'être humain, né de l'encapsulation de sa nature illimitée

---

16 https://www.youtube.com/watch?v=Sys8TIsZjaI&ab_channel=SadhguruFran%C3%A7ais

17 Krishnamurti, *Commentaires sur la vie* (intégrale : tome 1 [1956], tome 2 [1958], tome 3 [1960]), éditions J'ai lu, 2015, p.886

dans son corps, limité ; désir par lequel il « tend vers la plénitude de sa présence au monde »[18]. Seulement, l'identification au corps et au mental – du reste, des instruments merveilleux –, et ses effets, ne sont pas la réponse la plus appropriée à ce désir. « Si ce désir de devenir illimité trouve une expression inconsciente, on appelle ça une façon de vivre matérialiste. Si le même désir trouve une expression consciente, alors on dit que le processus spirituel est en cours.(…) Vous avez un chemin à parcourir. Alors, allez-vous marcher avec les yeux fermés ou les yeux ouverts ?(…) « Vous recherchez une expansion illimitée. Faites-le consciemment. Si vous le faites inconsciemment, vous gaspillerez votre vie en faisant plein de choses stupides qui, au final, n'auront aucun sens pour vous. « Rechercher l'expansion consciemment ne vous empêche pas de faire quoi que ce soit. Voyez-vous, ce que vous faites, le genre de vêtements que vous portez, et ce que vous mangez n'ont rien à voir avec votre spiritualité. Que vous traversiez votre vie consciemment est ce qui compte. »[19]

En élevant notre conscience, nous réalisons le potentiel qui est le nôtre et l'intensité qui peut être celle de la vie en nous. Cela nous donne la possibilité de reconnaître, afin de lui permettre de jaillir, notre essence profonde, notre nature véritable. Ainsi que l'a écrit Joseph Campbell, « le but n'est pas de voir cette

---

18 François Cheng, *Cinq méditations sur la mort, autrement dit sur la vie*, éditions Le Livre de Poche, 2015, p.79

19 Cheryl Simone et Sadhguru, *Midnights with the Mystic* (anglais), éditions Hampton Roads Publishing Co, 2008, pp.137-138 (la traduction de l'extrait est de moi)

essence, mais de réaliser qu'on l'*est*[20]. Alors on est libre d'aller de par le monde en tant qu'essence. »[21]

∞

---

20 C'est moi qui souligne

21 Joseph Campbell, *Le héros aux mille et un visages*, 1949, éditions J'ai lu, 2013, p.513

> *« Dans la vie, la chose la plus précieuse est la vie elle-même. Comprenez-vous ceci maintenant ou le comprendrez-vous seulement sur votre lit de mort ? »[22]*
>
> *Sadhguru*

Nous avons vu jusqu'ici que le processus spirituel consiste à conscientiser l'expression de cette vie en nous, afin d'optimiser l'expérience que nous en avons.

L'expérience de la vie se déroule *maintenant*. Uniquement *maintenant*. Pensez-y : pouvez-vous dire que vous ayez jamais *fait l'expérience* d'un autre moment qu'un *maintenant* ? Nous vivons dans un *éternel maintenant*. N'en est-il pas ainsi ? Certains affirment que l'on devrait apprendre à « être dans l'instant présent »… comme si l'on pouvait faire autrement. Qu'on le veuille ou non, nous y sommes, *toujours*. Il n'y a que *cet* instant. C'est ce qui *est*.

Existentiellement, il n'y a que cet *instant* : le passé n'a plus de réalité objective et le futur n'existe que conceptuellement.

Afin d'éviter toute confusion dans ce qui va suivre, nous allons faire la distinction suivante : entre le « temps-horloge », qui est, en somme, le temps induit par la physicalité ; et le temps psychologique. C'est ce dernier qui nous intéresse ici.

Le temps psychologique – afin d'alléger la lecture, désormais nous dirons simplement le « temps » –, c'est la pensée, c'est-à-dire « le mouvement de l'expérience, du savoir et de la mémoire, tout ce mouvement-là »[23], sur lequel reposent l'intellect et l'identité – nous en avons parlé plus haut. Ainsi, vivre dans le temps,

---

22 https://isha.sadhguru.org/in/en/wisdom/quotes?date=september-01-2019 (en anglais)

c'est fonctionner *à partir* de la mémoire, c'est appréhender et interpréter ce qui *est* dans les termes du passé, et vous pouvez souffrir de quelque chose qui vous est arrivé hier, avant-hier, il y a une semaine, un mois, un an…

De la même façon, vous pouvez souffrir de ce qui *pourrait* vous arriver à l'avenir. Notons que ceci peut se manifester à des degrés variables et se rapporter parfois à des choses qui ne vous concernent même pas.

Quoi qu'il en soit, cela signifie que vous souffrez de quelque chose qui n'a aucune réalité vivante, mais qui est seulement une construction mentale. Vous confondez votre drame psychologique avec la réalité et vous êtes alors incapable, si ce n'est occasionnellement – peut-être –, de voir ce qui *est*, simplement, sans filtre, sans préjugés, sans interprétation, sans jugement, sans tirer de conslusions.

Vivre dans le temps – le temps psychologique, rappelons-le –, c'est également le mouvement du devenir – là encore, psychologiquement parlant. Mouvement totalement illusoire, car « dans le devenir, on perpétue sans cesse ce que l'on est »[24]. Vous êtes ceci et vous voulez devenir cela ; mais tout en cherchant à devenir cela vous continuez à être ceci ; le conflit est inévitable. Précisons avec l'extrait suivant :

---

23 Krishnamurti dans Jiddu Krishnamurti & David Bohm, *Le temps aboli*, 1985, éditions J'ai lu, 2020, p.409. Ce livre offre les entretiens entre J.Krishnamurti (1895-1986), considéré comme l'un des plus grands sages et penseurs indiens, et D.Bohm (1917-1992), un des physiciens majeurs du XXème siècle. Ces entretiens se sont tenus entre avril et septembre 1980 et en juin 1983.

24 David Bohm dans Jiddu Krishnamurti & David Bohm, *op. cit.*, p.100

« Jiddu Krishnamurti : Il faut du temps pour aller d'ici à là. J'ai besoin de temps pour apprendre à être ingénieur, je dois étudier, cela prend du temps[25]. Alors on élargit ce mouvement au psychisme, et l'on dit qu'il faut du temps pour être bon (…).

David Bohm : Oui, cela va fatalement créer un conflit entre deux parties de vous-même. Donc ce mouvement qui vous fait dire : "J'ai besoin de temps" crée aussi une division dans la psyché entre l'observateur et l'observé.

JK : Oui. Et nous, nous disons que l'observateur est l'observé.

DB : Et donc que le temps psychologique n'existe pas.

JK : C'est exact. L'expérimentateur, le penseur, c'est la pensée. Il n'y a pas un penseur séparé de la pensée.

(…)

Quand c'est devenu une réalité, vous avez effectivement éliminé tout conflit. Le conflit surgit quand je me sépare de mon état.

DB : Oui, parce que je m'en crois séparé, je cherche à le changer. Mais puisque c'est ce que je suis, on ne peut à la fois se changer et rester le même, n'est-ce pas ?

JK : Oui, c'est ça. Quand cette condition c'est moi, la division a cessé (…). Auparavant, quand elle n'était pas moi, il y avait conflit, répression ou fuite, etc., ce qui est un gaspillage d'énergie.

(…)

DB : Oui, et quand on ne perçoit plus de différence (…) l'esprit ne cherche plus à lutter contre lui-

---

[25] «temps-horloge»

même.(…) À cause d'une différence illusoire, l'esprit est obligé de lutter contre lui-même. »[26]

Par ailleurs, le mouvement du devenir peut se manifester, dans des proportions infiniment variables d'un individu à un autre, dans une volonté et un effort d'accomplissement extérieur, par le *faire* ou par l'*avoir* – ou les deux à la fois – afin, justement, d'*être* ce que l'on cherche à devenir. Ainsi l'on entretient un conflit quasi permanent entre ce qui *est* et ce qui *devrait* être. En somme, « la souffrance, c'est l'intrusion dans le présent du passé ou de l'avenir, chargés de souvenirs ou de projections qui altèrent la perception de la réalité. »[27]

Ainsi résume Sadhguru : « La réalité existentielle n'est pas de votre fait. La réalité psychologique est entièrement de votre fait. Mais une part importante de celle-ci est construite inconsciemment, donc vous croyez que c'est réel. Ce qui est vrai dans votre réalité psychologique peut avoir une pertinence sociale, mais aucune pertinence existentielle.(…) Si vous voulez connaître la Vie, vous devez sortir de cette bulle appelée "réalité psychologique" et pénétrer dans la réalité existentielle. »[28]

---

26 Jiddu Krishnamurti & David Bohm, *op. cit.*, p.426 et pp.476-477

27 Patanjali, *Yoga-Sutras* (traduction du sanscrit et commentaires par Françoise Mazet), éditions Albin Michel, 1994, p.69

28 https://www.youtube.com/watch?v=QQn8X4FbpTM&ab_channel=TalksatGoogle (en anglais, la traduction de l'extrait est de moi)

∞

« Un état peut-il ne pas avoir de cause ? Si tel est le cas, peut-on alors l'éprouver, non pas théoriquement, mais avoir véritablement conscience de cet état ? Pour avoir une conscience aussi lucide, la verbalisation sous toutes ses formes, et toute identification au mot, à la mémoire, doivent définitivement cesser. Un tel état peut-il n'avoir pas de cause ? L'amour n'est-il pas un tel état ? »[29]

Jiddu Krishnamurti

Nous avons insisté sur l'importance de mener sa vie de façon consciente. Mener sa vie de façon consciente signifie que votre état intérieur et votre expérience de la vie, ne sont pas assujettis aux conditions extérieures, aux événements, aux autres, etc. ; mais sont entièrement de votre fait, non du fait de forces externes.

Prenez un moment pour y penser, et vous réaliserez à quel point votre état intérieur peut être déterminé par des facteurs extérieurs aussi divers que : le comportement de quelqu'un à votre égard, ce qu'un autre vous a dit ou ne vous a pas dit – vous savez, cette personne qui ne vous a pas souhaité un bon anniversaire… –, la météo, les nouvelles de l'actualité, votre voiture en panne, le trafic routier, des difficultés au travail, le verre d'eau qu'a renversé votre enfant, et ainsi de suite…

Ainsi vos pensées et émotions sont prises en otage par l'extérieur ; mais puisque ceci se produit inconsciemment, vous accusez le monde entier. Est-ce être libre si n'importe qui, seulement avec des mots,

---

29 Krishnamurti, *Commentaires sur la vie*, pp.1190-1191

peut contrôler votre état intérieur ? Si les circonstances peuvent modeler votre expérience de la vie ?

D'un point de vue expérientiel, nous avons distingué deux niveaux de réalité : la réalité existentielle, et la réalité psychologique. La réalité existentielle résulte de la conjugaison d'une quantité incommensurable de forces et de variables de différentes natures et indépendantes de votre volonté. C'est ce qui *est*.

La vraie liberté réside dans l'équanimité face à ce qui est.

« Si vous ne pouvez accueillir toute chose telle qu'elle est, si vous acceptez certaines choses et en rejetez d'autres, vous aurez juste une moralité, pas de spiritualité. »[30] – nous reviendrons plus loin sur la notion de moralité. Ainsi je compléterai : la vraie liberté réside dans *l'acceptation totale et l'équanimité* face à ce qui *est*.

Il est important ici de préciser que l'acceptation ne signifie pas la résignation ou l'adoption d'une posture passive. L'acceptation de ce qui *est* signifie que l'on n'y oppose pas de résistance. Résister à ce qui *est*, c'est résister à la Vie. N'est-ce pas la plus grande tragédie que de résister à la Vie ?

Cependant, pour qu'il y ait acceptation de ce qui *est*, il faut qu'il y ait *compréhension* de ce qui *est* : « pour comprendre ce qui *est*, il faut être libéré de toute distraction. La distraction est la condamnation ou la justification de ce qui *est*. La distraction est comparaison ; c'est la résistance ou la discipline dirigée contre le réel.(…) Toute distraction est un empêchement à la compréhension de ce qui *est*. Ce qui *est* n'est pas statique ; il est en perpétuel mouvement, et pour le suivre

---

30   https://isha.sadhguru.org/global/en/wisdom/quotes?date=august-28-2019 (en anglais)

l'esprit ne doit être attaché à aucune croyance, à aucun espoir de succès, à aucune crainte d'échec. Ce n'est que dans la lucidité passive mais vigilante que ce qui *est* se dévoile. Ce dévoilement n'appartient pas au temps. »[31] Autrement dit, il appartient à *cet instant toujours présent*, car « le temps n'existe qu'à partir du moment où existe un espace psychologique entre ce qui *est* et ce qui *devrait* être »[32].

Alors, de la compréhension naissent l'acceptation et l'équanimité, laquelle consiste en définitive en l'abolition de toute discrimination à l'égard de ce qui *est*. Dès lors, naît la possibilité d'exprimer pleinement et totalement notre libre-arbitre et de répondre *consciemment*, et ainsi de prendre « à chaque instant la responsabilité pleine et entière de la façon dont [nous sommes] en cet instant »[33]. De nouveau, une précision s'impose. Responsabilité n'est pas culpabilité, cela ne signifie pas que l'on doive se charger du fardeau de ce dont nous prenons la responsabilité ; pas plus que celle-ci ne nous impose une action à l'endroit de ce dont nous prenons la responsabilité. C'est un ensemble de paramètres concrets qui détermine la possibilité d'une action, et le cas échéant, nos propres ressources déterminent quant à elles la nature de l'action. Ainsi, la responsabilité n'induit pas nécessairement l'action ; mais l'action n'est possible uniquement s'il y a responsabilité : dans ce cas, ce que nous *pouvons* faire, nous le *ferons*, et ce que nous ne pouvons *pas* faire, nous ne le ferons pas ; et je vous invite à ne pas vous arrêter à l'ap-

---

31 Krishnamurti, *op. cit.*, p.201

32 *Ibid.*, p.731

33 Sadhguru, *La Transformation intérieure*, p.84

parente simplicité de cette formule, car très souvent, ce que nous *pouvons* faire, nous ne le faisons pas. Pour préciser cette notion de responsabilité, je citerai Sadhguru : « En quoi, me demanderez-vous, êtes-vous responsable de la violence et de l'injustice du monde ? En quoi êtes-vous responsable des guerres et des tueries, des atrocités commises contre les deshérités et les laissés-pour-compte du monde entier ? Il est évident que vous n'avez pas à être accusé de tout cela. Pourtant, dès l'instant où vous prenez conscience de l'une de ces réalités, vous y répondez, que ce soit par l'inquiétude, l'amour, le souci, la haine, la colère, l'indignation ou même l'action. C'est juste que c'est souvent une réaction inconsciente plutôt qu'une réponse consciente. Si vous faites de cette capacité à répondre une démarche volontaire, cela marque la naissance d'une possibilité extraordinaire en vous. »[34] Du reste, le mystique indique avec sagacité que tout ce que nous faisons volontiers est notre paradis, et tout ce que nous faisons contre notre gré est notre enfer.

La possibilité qui naît est donc celle de créer la manifestation de nous-mêmes à laquelle nous aspirons, de manifester l'expression la plus rayonnante de la Vie en nous, c'est-à-dire de *vivre véritablement*, dans le sens où l'énonçait Tolstoï[35], disant que « l'homme qui voit le sens de la vie dans le domaine où elle n'est pas

---

34 *Ibid.*, p.87

35 Durant les trente dernières années de sa vie, Tolstoï s'employa à extraire la substance de l'enseignement de Jésus de Nazareth, par une étude minutieuse des Évangiles, ce qui le conduisit à rejeter le dogme officiel de l'Église. Ce qui résulta de cette exégèse est très pertinent, même si, à mes yeux, elle se heurte à certaines limites qui l'empêchent de pénétrer les dimensions les plus profondes du message de Jésus.

libre, dans le domaine des effets, c'est-à-dire des actes, ne vit pas véritablement. Celui-là seul vit véritablement, qui a transporté sa vie dans le domaine où elle est libre, dans le domaine des causes »[36].

Analogiquement, je dirai même ceci : *celui-là seul aime véritablement, qui a transporté sa vie dans le domaine où elle est libre, dans le domaine des causes*.

L'Amour est notre qualité. Faisons d'emblée la distinction claire entre l'amour particulier et romantique, et l'Amour, immanent, total, intégral, inconditionné et incommensurable. Chez la plupart des personnes, l'expérience et l'expression de l'amour a besoin de déclencheurs, de stimuli externes, dont elles vont ainsi se mettre en quête, disant « chercher » l'amour – cherchant en fait à satisfaire divers types de besoins. Mais l'Amour ne se cherche pas. Il n'est pas là dehors, quelque part, attendant que nous le trouvions.

L'Amour est ce que nous sommes. Lorsque nous comprenons ceci, nous le partageons « aussi librement et naturellement qu'une fleur dégage son parfum »[37]. Tant que l'on croit qu'on doit chercher ce qui nous permet de l'éprouver, autrement dit tant que l'on croit que notre amour n'est que l'effet d'une cause extérieure à nous, on nie par le fait notre Nature. Cette compréhension nous permet de pénétrer plus en profondeur le sens de cette exhortation de Jésus de Nazareth : « Tu aimeras ton prochain »[38], ce qui ne signifie pas qu'il faille dire « je t'aime » à toutes les personnes que l'on croise. Ici, le prochain doit être entendu comme ce-

---

36 Léon Tolstoï, *Le Royaume des cieux est en vous*, p.178

37 Cheryl Simone et Sadhguru, *Midnights with the Mystic*, p.133

38 Matthieu 22,39 ; Marc 12,31

lui dont nous sommes en présence *en cet instant* ; et il ne conditionne en aucune façon ce que nous sommes. L'Amour est de nous, indépendamment de qui ou comment est notre prochain. Du reste, l'Amour constitue la quintessence du message de Jésus.

Il est tout à fait révélateur néanmoins de constater que, généralement, le terme même n'est plus aujourd'hui qu'une coquille vide. L'amour n'est pas « sérieux », en ce qu'on n'envisage pas un seul instant qu'il puisse être élevé en principe fondamental des rapports humains et plus largement de tout système interrelationnel. Une telle conception dénaturée de l'amour engendre des inepties tellement ancrées, et qui paraissent par conséquent aller de soi[39], que ce que le plus grand nombre considère dans son expérience comme de l'amour n'en est souvent qu'un succédané. Par exemple, selon une conception communément admise, l'individu, dans sa « quête » de l'amour, recherche une forme de complétude, d'entièreté – il recherche sa « moitié ». Un être humain – ou tout être vivant quel qu'il soit d'ailleurs – serait-il un être incomplet ? Assurément, non. Mais notre Amour ne peut s'étendre qu'à la mesure de ce avec quoi nous nous identifions.

L'Amour est le « désir de la vie pour elle-même »[40], le mouvement de celle-ci vers la ré-union harmonieuse des êtres dans leur séjour terrestre, en accord avec leur Unité primordiale par-delà la forme.

---

39 Conception par ailleurs largement véhiculée dans le cinéma, la littérature, la musique,...

40 Cheryl Simone et Sadhguru, *op. cit.*, p.116

∞

« Sur cette Terre nos vies ne nous appartiennent pas. De la matrice à la tombe, nous sommes liés aux autres… Passé et présent… Et par chaque crime, et chaque bonne action, nous enfantons notre avenir. »[41]

Cloud Atlas

Nous avons dit plus haut que nous étions pareils à des vagues émanant de l'océan infini de la Vie, dont l'Intelligence régit aussi bien le fonctionnement de l'atome que le mouvement des planètes et des étoiles et la marche de tous les phénomènes cosmiques, en passant par le fonctionnement de la biosphère.

Partant de cette compréhension, la Terre Mère ainsi que l'ensemble des règnes qui l'habitent apparaissent comme un unique organisme. Au sein de ce « méga-organisme », les différents règnes peuvent à leur tour être vus comme différents organismes. Du moins selon une approche globale, puisqu'à mesure que l'on pousse l'analyse, leur interdépendance et les relations symbiotiques établies entre eux tendent à dissoudre les frontières qui les séparaient au départ – et qui, au demeurant, relèvent de décisions conventionnelles.

Considérant l'organisme humain, cinquante mille milliards de cellules et au moins autant de microorganismes – bactéries, champignons, virus – fonctionnent symbiotiquement et en parfaite collaboration.

---

41 *Cloud Atlas*, film écrit et réalisé par les Wachowski et Tom Tykwer et sorti en 2012, d'après le roman *Cartographie des nuages* de David Mitchell paru en 2004 (la traduction de l'extrait présentée ici diffère légèrement de la version française afin d'être plus proche encore du sens de la version originale)

Manifestement, sept milliards d'êtres humains n'en sont actuellement pas capables.

Des millions d'années d'évolution ont été nécessaires pour nous soulever à des niveaux de conscience toujours plus élevés et pour que nous soyons tels que nous sommes ; et nous les gaspillons inconsidérément par les tribulations et les attitudes délétères des illusions de nous-mêmes que nous avons créées.

La Vie est un processus d'inclusion. Mais par l'identification et l'assujetissement aux couples d'opposés, nous fonctionnons en tant que société de manière exclusive. Nous fonctionnons à l'encontre de la Vie. Nous établissons une dualité entre ce qui est bien et ce qui est mal, juste et injuste, normal et anormal ; rejetons, condamnons et projetons dès lors de combattre et éradiquer ce que nous considérons mal, injuste, anormal – avec d'autant plus de virulence qu'est important notre attachement à ce qui est « bien », « juste » et « normal » – ; créons et entretenons par là même les conflits et les discordes qui déchirent l'humanité. Et nous appelons ceci la moralité[42]. *La moralité est l'antithèse de la Vie*. Rappelons, d'ailleurs, le caractère transitoire de tout système moral, dont on ne peut attendre de ce fait qu'il assure une prospérité durable dans une société.

Nous avons dit que la Vie est un processus d'inclusion. Ainsi, au fond, « il n'y a rien de tel que le bien et le mal dans la vie. La question est : [nos] actions sont-elles appropriées et inclusives ? »[43]

Car nous sommes la Vie aspirant à elle-même.

---

42 Du reste, «moralité», «terrorisme»… ce n'est qu'une question de point de vue

L'ordre mondial actuel repose sur des institutions et des systèmes dépassés que l'on s'obstine à vouloir maintenir en place comme s'ils étaient absolus et immuables ; démonstration malheureuse que « les hommes sont devenus les outils de leurs outils. »[44] Et « de ce fait l'individu est de plus en plus ravalé à n'être qu'une fonction de la société, et celle-ci en revanche assume la fonction d'être le véritable vecteur de vie, alors qu'au fond elle n'est qu'une idée comme l'État. La société, comme l'État, se trouve hypostasiée (c'est-à-dire substantifiée et pourvue d'une existence autonome). L'État en particulier se transforme de ce fait quasiment en une personnalité vivante dont on attend tout. En réalité l'État n'est qu'un camouflage qu'utilisent les individus qui le manipulent. De ce fait, la convention originelle de l'État légal glisse de plus en plus vers la forme d'une société primitive (…) soumise à l'autocratie d'un chef ou d'une oligarchie. »[45]

Dans ce contexte, nous accordons notre consentement à des Autorités qui, souvent, commettent impunément ce que la morale communément admise réprouve et qui considèrent les êtres comme du bétail. Du reste, et en dernière analyse, c'est précisément et fondamentalement sur notre consentement que repose le

---

43   https://isha.sadhguru.org/global/en/wisdom/quotes?date=july-29-2019 (en anglais, la traduction est de moi)

44   Henry David Thoreau, *Journal* (1837-1861), extrait rapporté dans Henry David Thoreau, *La moelle de la vie – 500 aphorismes* (anthologie originale établie par Thierry Gillybœuf), éditions Mille et une nuits, 2006, p.61

45   C.G.Jung, *Présent et avenir*, 1957, éditions Le Livre de Poche, 1995, pp.20-21

maintien des modèles et des schémas qui fondent notre système.

Pourtant, l'Éducation inculque aux enfants les valeurs et les normes de ce système patriarcal, conditionnant ainsi chez eux une foi aveugle en celui-ci ; les transformant, pour paraphraser Thoreau, de ruisseaux sinuant librement en douves bien droites[46]. Elle s'emploie à faire des futurs adultes qu'ils deviendront des rouages productifs du système, et c'est à la mesure de son abilité à remplir cette fonction que l'on évaluera bien souvent la valeur et le « mérite » d'une personne, même inconsciemment.

Nous voyons donc bien la transformation profonde qu'il est nécessaire d'opérer dans nos sociétés. *Transformation*, et non changement. La nuance, bien que subtile, est cruciale : le changement n'est qu'une continuité modifiée du passé, la transformation signifie qu'aucune trace résiduelle du passé ne persiste. Le changement s'occupe des branches ; la transformation s'occupe des racines.

Or, toute transformation globale débute nécessairement par la transformation intérieure individuelle.

Maintenant, considérez l'expérience suivante. Posez votre main sur – par exemple – votre joue. Est-ce « vous » ? Oui. À présent, posez votre main sur un objet quelconque autour de vous – une chaise, une table… Est-ce « vous » ? Non… Comment savez-vous ceci ? Quelle est la différence entre ce qui est « vous » et ce qui n'est pas « vous » ? La différence est : dans votre joue, il y a une sensation ; dans l'objet que vous touchez, il n'y en a pas. Donc, ce qui est compris dans les

---

46 Henry David Thoreau, *Journals,* extrait rapporté dans Henry David Thoreau, *op. cit.,* p.62

limites de notre sensation, nous le considérons comme étant « nous », et ce qui est hors de ces limites, non.

Or, en élevant notre conscience, nous étendons notre champ de sensation, à un niveau subtil et intangible : nous élevons notre sensibilité et devenons plus inclusifs.

Là devrait être la base de l'éducation des enfants : cultiver leur sensibilité. À vrai dire, le terme « cultiver » n'est pas tout à fait adéquat ici. Il s'agit plutôt de *favoriser* le développement de la sensibilité, en créant les conditions et l'atmosphère propices, et, surtout, en *incarnant* cette sensibilité. Or, ici surgit une difficulté : comment des adultes in-sensibles – dans le sens où leur capacité d'inclusion est très limitée – pourraient-ils enseigner la sensibilité ? Mettre un terme à une bonne part de toutes les sortes d'influences exercées sur les enfants serait déjà un bon début.

On ne peut enseigner que ce que l'on connaît ; et l'on enseigne ce qui fonde notre conduite. C'est pourquoi c'est à l'échelle individuelle que la transformation doit s'amorcer.

Rappelons ceci : la Vie est un processus d'inclusion. Augmenter notre sensibilité, c'est devenir plus inclusifs. C'est l'expression même de l'Amour.

De l'Amour découlent des qualités telles que la compassion, la générosité, la charité... Dès lors que l'Amour est à la base des rapports humains, l'action selon le fameux précepte « ce que vous voulez que les hommes fassent pour vous, faites-le de même pour eux »[47] est naturelle. D'ailleurs, si la formulation de ce principe la plus connue en Occident est celle de Jésus,

---

47   Matthieu 7,12 ; Luc 6,31

nous en retrouvons l'essence dans les enseignements de Lao-Tseu, Gautama (le Bouddha) et Confucius[48]. Mais l'important ici n'est pas de savoir que celui-ci ou celui-là l'a dit, mais de véritablement saisir le sens profond de ce principe et ses implications. En effet, la majorité l'a sans doute déjà rencontré – il est généralement désigné comme « la Règle d'or » –, mais l'a-t-on vraiment intégré ? (la réponse est évidemment non, il suffit d'observer le monde)

Ce que vous voulez que les hommes fassent pour vous, faites-le de même pour eux.

N'imposez pas aux gens ce dont vous ne voudriez pas pour vous-même[49].

En vérité, ceci est un principe absolument fondamental. S'il était naturellement appliqué – aussi naturellement qu'un bébé sait qu'il doit manger par la bouche et non par l'oreille –, s'il était *naturellement* appliqué donc, y aurait-il besoin d'une quelconque morale ? Non, assurément. S'il était *naturellement* appliqué, chacun saurait véritablement – aussi sûrement que le bébé sait – que l'intérêt du groupe et l'intérêt de l'individu sont confondus. S'il était *naturellement* appliqué, le partage, la concorde et l'équité seraient les pierres angulaires des sociétés humaines.

---

48 Voir respectivement : Lao-Tseu, *Tao-Te-King*, XLIX, p.111 (cf. Note 8) ; *Udanavarga* 5:18 ; Confucius, *Les Entretiens* (traduction du chinois, introduction et notes par Pierre Ryckmans alias Simon Leys), éditions Gallimard, 2016, XII.2, p.69. Je me borne, dans le texte, à mentionner des sagesses dont je suis familier.

49 Confucius, *op. cit.*, p.69

Je disais dans la première partie du texte que toute tentative de l'humanité de résoudre ses problèmes, autre que la voie spirituelle, que ce soit par des actions politiques, institutionnelles, sociales, législatives, etc., ne sera rien de plus qu'une fuite en avant.

La façon dont fonctionne l'humanité ne fait que refléter le niveau de conscience de ses membres. Ainsi, avant de songer à arranger le monde extérieur, arrangeons premièrement la façon dont nous menons cette vie-ci – la nôtre en tant qu'individus.

Nous devons créer des êtres humains plus sensibles, qui étendent l'Amour et la compassion. Des lois ou des réformes le peuvent-elles ?

Nous devons donc élever la Conscience humaine sur cette planète ; et en regard de l'état du monde aujourd'hui, c'est une urgence.

Seule l'élévation de la Conscience peut permettre ce que Krishnamurti nomme *l'action totale*. « Toute action qui n'est pas totale, complète, ne peut déboucher que sur la douleur. Et il n'existe que la totalité de l'action humaine, et non l'action politique, l'action religieuse ou l'action indienne. Toute action qui vise à séparer, à fragmenter, suscite toujours le conflit, tant intérieur qu'extérieur. »[50] Or, « sans l'amour, quoi que [nous fassions, nous ne connaîtrons] pas l'action totale qui seule peut sauver l'homme. »[51]

Ce à quoi l'on résiste persiste : nulle transformation n'adviendra par la lutte et l'opposition aux modèles et systèmes actuels. Car c'est ne rien faire pour mettre un terme aux causes profondes qui les ont en-

---

50 Krishnamurti, *Commentaires sur la vie*, p.790

51 *Ibid.*, p.849

gendrés[52]. Et c'est, au contraire, entretenir le conflit entre ce qui *est* et ce qui *devrait* être – « l'idéal, la finalité »[53]. La projection ainsi établie empêche justement l'action totale, car « aussi longtemps que l'esprit raisonnera en termes de transformation dans le temps, de révolution à venir, il n'interviendra nulle modification dans le présent »[54], or là seulement créons-nous les causes de demain. Mais « la cause et l'effet ne sont pas séparés [, ils] constituent un processus unitaire. Un mauvais moyen ne peut pas déboucher sur une juste fin, parce que la fin *est* le moyen, l'un est contenu dans l'autre. »[55] Pour ainsi dire, la nature des causes détermine la nature des effets, qui deviennent eux-mêmes les causes de nouveaux effets, et ainsi de suite.

En définitive, l'action totale est l'action « libre de la réaction, libre de la limitation de la pensée, libre de tout le mouvement du temps »[56], l'action sans cause. L'action de l'Amour, de l'Intelligence. C'est l'action de l'*être*, dans ce que cela a de plus pur et de plus signifiant – *être ou ne pas être*[57]. De cette êtreté procède la *perception juste* – inconditionnée – de ce qui *est* ; per-

---

52 Nous parlons ici de *transformation*. Cela n'exclut pas, évidemment, des actions ciblées en vue d'un *changement*. Mais il s'agit de comprendre que viser *uniquement* le changement induit la persistance de ce qui sous-tend les modèles et les systèmes visés, et donc la pérennisation de ceux-ci sous une forme ou sous une autre.

53 Krishnamurti, *op. cit.*, p.731

54 *Ibid.*, p.867

55 *Ibid.*, p.811

56 Krishnamurti dans Jiddu Krishnamurti & David Bohm, *Le temps aboli*, p.370

ception qui renferme sa propre action : l'action juste, l'action appropriée, *l'action totale*.

Je conclurai sur ces mots de Thoreau : « Je souscris de bon cœur au précepte qui dit : "Le meilleur des gouvernements est celui qui gouverne le moins", et j'aimerais le voir suivi d'effet plus vite et plus systématiquement. Si l'on pousse ce raisonnement à l'extrême, cela revient finalement à dire, ce en quoi je crois volontiers : "Le meilleur des gouvernements est celui qui ne gouverne pas du tout." Quand les hommes y seront préparés, tel sera le gouvernement qu'ils auront. »[58]

∞

---

57 William Shakespeare, *Hamlet*, III, 1, 1603

58 Henry David Thoreau, *La désobéissance civile*, 1849, extrait rapporté dans Henry David Thoreau, *La moelle de la vie – 500 aphorismes*, p.32

ÉPILOGUE

Ce livre n'a rien à vous apprendre.

Il ne s'agit pas d'accepter théoriquement ou de comprendre intellectuellement ce qui a été dit. Il ne s'agit pas d'accumuler du vocabulaire, mais il est nécessaire de dépasser les mots, qui ne sont rien de plus que des symboles – nommer, c'est réduire. Décrire de la nourriture à un affamé ne remplace pas l'expérience de manger.

Mon souhait, humblement, est de vous proposer d'élargir vos perspectives et de regarder là où avant vous n'aviez peut-être jamais regardé.

Je nous invite à nous abandonner à l'exploration. Il nous faut pour cela renoncer à notre savoir – psychologique. Le savoir est limité ; la nescience est illimitée. « "Je ne sais pas" est une immense possibilité. Si vous détruisez "je ne sais pas" vous détruisez toutes possibilités de savoir. »[59] Seulement si nous partons de là, « je ne sais pas », la possibilité de savoir est une réalité vivante. Alors seulement nous sommes disposés à toucher *cela* qui « n'est pas le savoir, [qui] n'est pas une construction de la pensée. »[60] Alors seulement nous sommes disposés à nous émerveiller de l'Intelligence et de la Beauté omniprésentes et omnipénétrantes.

Le développement technologique qui existe de nos jours permet aux générations actuelles de connaître un confort matériel sans précédent. Pourtant…

Pourtant, les hommes se sont embourbés dans un mode de vie dans lequel ils ne vivent pas heureux, dans lequel ils ne connaissent pas la joie, dans lequel ils ont oublié qu'ils ont oublié leur essence. Le système contemporain a plongé les hommes dans une sorte de coma qu'ils prennent pour la vraie vie. Les sociétés sont malades.

Nous devons créer la paix, l'harmonie et la guérison au sein de l'humanité et sur cette planète. Non pas en tant qu'hommes ou femmes, ou en tant que blancs ou noirs, ou en tant qu'occidentaux ou orientaux, ou en tant que chrétiens, musulmans, hindous, bouddhistes ou athés, ou encore en tant qu'européens, américains, asiatiques ou africains, … mais en tant qu'*êtres humains*.

Pour cela il est nécessaire d'abolir un conditionnement qui est ancré si profondément qu'on ne le

---

[59] Sadhguru, https://www.youtube.com/watch?v=smPVh4vg66M&ab_channel=IshaFoundation (en anglais, la traduction est de moi)

[60] Krishnamurti dans Jiddu Krishnamurti & David Bohm, *Le temps aboli,* p.132

voit même pas : le conditionnement de la pensée, de sa fonction même. Le caractère fragmentant du processus de la pensée en lui-même nous a conduit à fragmenter et morceler le monde et à croire qu'il l'était réellement. « Une source majeure de fragmentation est au vrai la présupposition généralement acceptée que le processus de la pensée est suffisamment séparé et indépendant de son contenu pour nous permettre généralement de produire une façon de penser claire, ordonnée, rationnelle, qui pourra proprement juger son propre contenu comme correct ou incorrect, rationnel ou irrationnel, fragmenté ou entier, etc. En réalité (…) la fragmentation entraînée dans une vue du monde dirigée sur soi n'est pas seulement dans le contenu de la pensée, mais dans l'activité générale de la personne qui est "en train de faire le penser" et donc, elle est aussi bien dans le processus de la pensée que dans son contenu. Ainsi, contenu et processus ne sont pas deux choses existant séparément, mais sont plutôt deux aspects, deux vues d'un seul mouvement entier. »[61] Pourtant, comme le souligne David Bohm lui-même, « on a beau leur exposer l'irrationalité de la chose, les gens ne sont pas vraiment conscients de tout ce *système* de pensée – ils reçoivent l'explication à un certain niveau, mais le système suit son cours à des niveaux dont ils ne sont pas conscients »[62] ; or, justement, « un tel mode de pensée entraîne un développement sans fin de conflits chaotiques et dépourvus de sens, dans lesquels toutes les énergies tendent à se perdre dans des mouvements antagonistes ou désaccordés. »[63]

---

61 David Bohm, *La Plénitude de l'univers*, pp.50-51

62 Jiddu Krishnamurti & David Bohm, *op. cit.*, p.111

En définitive, « tous les problèmes que l'humanité rencontre en ce moment, psychologiques et autres, sont le résultat de la pensée. Et nous nous obstinons dans ce système, penser. Or la pensée ne résoudra jamais aucun de ces problèmes. « Donc il y a une autre sorte d'instrument : c'est l'intelligence. »[64]

Il s'agit là de l'Intelligence inconditionnée, primordiale, immanente, dont nous avons parlé tout au long de notre cheminement ; cette Intelligence fondamentale qui régit le fonctionnement du cosmos ; et par laquelle *tout organisme*, par nature, œuvre *continuellement*, sans interruption, à son propre équilibre, à sa propre harmonie, et tend pour ainsi dire au niveau de cohérence le plus élevé possible. Nous, en tant qu'êtres humains, avons la capacité de participer activement à la création d'une cohérence toujours plus importante, de l'échelle individuelle à l'échelle collective et planétaire.

La transformation sera réelle le jour où plus aucun être sensible ne subira l'hostilité, la violence et l'oppression des êtres humains – « malheur de l'un deviendra le malheur de tous »[65] – ; le jour où plus aucun être humain ne mourra de faim et ne sera privé d'eau alors même que la planète fournit abondamment et généreusement des ressources largement suffisantes pour tous ses enfants ; le jour où l'on aura cessé de confier – d'abandonner plutôt – notre santé et notre alimentation à des industries ; le jour où l'on aura cessé d'accorder si peu de valeur et de reconnaissance à ceux-là et

---

63 David Bohm, *op. cit.*, p.48

64 Krishnamurti dans Jiddu Krishnamurti & David Bohm, *op. cit.*, p.439

65 Keny Arkana, *Cynisme vous a tué ?* (album *Tout tourne autour du soleil*, 2012)

celles-là mêmes qui cultivent avec respect et dévotion la terre pour nourrir leurs prochains ; le jour où auront cessé l'exploitation, la destruction et le pillage aveugles et inconsidérés des ressources et des écosystèmes naturels par des êtres humains avides de domination et de richesses ; le jour où plus aucun être humain n'aura à *gagner* sa vie et à produire une rétribution afin de bénéficier des commodités minimums pour un confort de vie décent...

Nous avons dit plus haut que, étant donné l'état actuel du monde, la transformation est aujourd'hui urgente. Toutefois, nous pouvons y voir des possibilités immenses. Jung a écrit que « là où cesse l'amour, commence la puissance, l'emprise violente et la terreur. »[66] Alors syntonisons-nous sur l'Amour, sur l'Intelligence, et voyons l'immense voie des possibles que cela ouvre.

« Aime tout ce qui vit et tout ce qui vit te le rendra. »[67]

Nous sommes la Vie aspirant à elle-même.

∞

---

66   C.G.Jung, *Présent et avenir*, p.98

67   Keny Arkana, *Tout tourne autour du soleil* (*op. cit.*)

BIBLIOGRAPHIE

(les titres sont listés dans l'ordre dans lequel ils sont cités dans le texte)

- Sadhguru, *La Transformation intérieure*, 2018, éditions Pocket, 2020
- Léon Tolstoï, *Le Royaume des cieux est en vous*, 1893, éditions Le Passager Clandestin, 2019
- C.G.Jung, *L'Âme et la Vie* (textes essentiels réunis et présentés par Jolande Jacobi), éditions Le Livre de Poche, 1995
- Emily Dickinson, *Quatrain et autres poèmes brefs* (présentation et traduction de l'anglais par Claire Malroux, édition bilingue), éditions Gallimard, 2000
- Lao-Tseu, *Tao-Te-King* (traduction de Stanislas Julien [1842]), éditions Marabout, 2019
- *Les 108 Upanishads* (traduction et présentation de Martine Buttex), éditions Dervy, 2012
- Krishnamurti, *Commentaires sur la vie* (intégrale : tome 1 [1956], tome 2 [1958], tome 3 [1960]), éditions J'ai lu, 2015
- François Cheng, *Cinq méditations sur la mort, autrement dit sur la vie*, éditions Le Livre de Poche, 2015
- Cheryl Simone et Sadhguru, *Midnights with the Mystic* (anglais, non traduit en français à ma connaissance), éditions Hampton Roads Publishing Co, 2008
- Joseph Campbell, *Le héros aux mille et un visages*, 1949, éditions J'ai lu, 2013

- Patanjali, *Yoga-Sutras* (traduction du sanscrit et commentaires par Françoise Mazet), éditions Albin Michel, 1994
- Évangiles de Matthieu, Marc et Luc (*La Bible* traduite d'après les textes originaux hébreu et grec par Louis Segond)
- Henry David Thoreau, *Journals* (1837-1861)
- Henry David Thoreau, *La moelle de la vie – 500 aphorismes* (anthologie originale établie par Thierry Gillybœuf), éditions Mille et une nuits, 2006
- C.G.Jung, *Présent et avenir*, 1957, éditions Le Livre de Poche, 1995
- *Udanavarga*
- Confucius, *Les Entretiens* (traduction du chinois, introduction et notes par Pierre Ryckmans alias Simon Leys), éditions Gallimard, 2016
- William Shakespeare, *Hamlet*, 1603
- Henry David Thoreau, *La désobéissance civile*, 1849

(les titres suivants permettent d'étudier parallèlement science et spiritualité, de par leur sujet en lui-même ou par ses implications. Les trois premiers de la liste seulement sont cités dans le texte)

- Fritjof Capra, *Le Tao de la physique*, 1975, éditions J'ai lu, 2018
- David Bohm, *La Plénitude de l'univers*, 1980, Éditions du Rocher, 1987
- Jiddu Krishnamurti & David Bohm, *Le temps aboli*, 1985, éditions J'ai lu, 2020

- Bruce H. Lipton, *Biologie des croyances*, 2005, éditions Ariane, 2016 (édition revue et augmentée 10ème anniversaire)
- Bruce H. Lipton & Steve Bhaerman, *Évolution spontanée*, éditions J'ai lu, 2016
- Lynne McTaggart, *Le champ unifié*, 2008, éditions J'ai lu, 2016
- Éric Ancelet, *Pour en finir avec Pasteur*, 1998, édition Marco Pietteur, 2010 (4ème édition augmentée)

Voir aussi :

- entretien avec Bruce H. Lipton, Ph.D, pour le IMCJ (Integrative Medicine : A Clinician's Journal) : « Le saut de la culture cellulaire à la conscience » (en anglais), https://www.ncbi.nlm.nih.gov/pmc/articles/PMC6438088/pdf/imcj-16-44.pdf
- entretien entre David Eagleman et Sadhguru : « Le neuroscientifique David Eagleman avec Sadhguru – conversation avec le Mystique » (en anglais), https://www.youtube.com/watch?v=MwgkvBZXum0&ab_channel=Sadhguru

TABLE DES MATIÈRES

— p. 7 —

Avant-propos

— p. 13 —

Texte

— p. 53 —

Épilogue

— p. 59 —

Bibliographie